TABLEAU GÉNÉRAL

DES

PAYS CONQUIS, CÉDÉS, ÉCHANGÉS

OU ACQUIS POUR INDEMNITÉS

PAR DIVERSES PUISSANCES,

EN VERTU DES TRAITÉS,

Et ratifié par le *Conclusum* général et la Note
supplémentaire de la Diète de l'Empire;

ACCOMPAGNÉ D'UNE CARTE.

Publié par M. DE BOUGE.

A BRUXELLES,

De l'Imprimerie d'EMMANUEL FLON, Libraire,
rue de la Putterie.

AN XI (1803).

TABLEAU GÉNÉRAL

Des Pays conquis, cédés, échangés ou acquis pour indemnités par diverses Puissances, en vertu des traités, et ratifié par le Conclusum général de la diète de l'Empire; accompagné d'une Carte.

TRAITÉS.

L'Autriche a cédé à la France les ci-devant Pays-Bas ou Provin- ces-Belgiques; savoir : les duchés de Brabant; de Limbourg, de Luxembourg et de Gueldre; les comtés de Flandres, de Hainaut et de Namur; le marquisat d'Anvers; la seigneurie de Malines et le Tournésis. — Campo-Formio, 17 octobre 1797 (an VI), et Lunéville, 9 février 1801 (an IX).

Le comté de Falkenstein, dans le cercle du Bas-Rhin. — Lunéville.

Le Frickthal et tout ce qui appartenait à l'Autriche sur la rive gauche du Rhin entre Zurzach et Bâle. — Idem.

La France a fait la cession du Frickthal à la république helvétique en 1802 (an XI).

L'Autriche a cédé à la république cisalpine le Milanez ou ci-devant Lombardie et le Mantouan. — Campo-Formio.

Au duc de Modène, le Brisgau et le bailliage de l'Ortenau. — Idem et Paris, le 26 déc 1802 (an XI).

Les Pays-Bas entrèrent dans la maison d'Autriche, en 1477, par le mariage de Marie de Bourgogne avec Maximilien d'Autriche, fils de l'empereur Fréderic III; ils furent souvent le théâtre de la guerre et possédés successivement par différentes puissances; ce ne fut qu'à la paix d'Utrecht, en 1713, confirmée par celle de Radstadt l'année suivante, que la possession en fut assurée à l'Autriche.

Le comté de Falkenstein était de toutes les possessions du duc de Lorraine, la seule qu'il s'était réservée en cédant la Lorraine en échange pour le grand-duché de Toscane, par le traité de Vienne en 1736.

Le Frickthal faisait partie du Brisgau.

Le Milanez appartenait à la maison d'Autriche depuis 1706, à la réserve de quel-

A

ques parties démembrées en faveur du roi de Sardaigne ; la possession en avait été assurée à l'empereur Charles-VI, par le traité de Baaden en 1714.

Le Mantouan a appartenu pendant long-temps à la maison de Gonzague comme fief relevant de l'Empire ; il a passé à l'Autriche en 1706, et lui a été assuré par le traité de Baaden.

Le Brisgau était autrefois un landgraviat appartenant aux ducs de Zœringen ; les comtes de Furstenberg, qui l'ont possédé ensuite, l'ont vendu aux ducs Léopold et Albert d'Autriche ; il était un des états héréditaires de la maison d'Autriche.

L'Ortenau est une contrée en Souabe, qui appartenait à différens princes ; la partie autrichienne avait été cédée par l'empereur Léopold au prince Louis de Baaden et à sa maison. Après la mort du dernier margrave de Baaden-Baaden , en 1771, elle est retournée à la maison d'Autriche.

L'Autriche a acquis en indemnité la ci-devant république de Venise, savoir : le reste de l'Istrie, la Dalmatie et isles de l'Adriatique, la Terre-Ferme, qui comprend le duché de Venise ou Dogado, le Padouan, le Vicentin, la Marche-Trévisane, le Feltrin, le Bélunèse, le Cadorin, le Frioul et les parties de la Polésine et du Véronèse en de çà de l'Adige; celles au-delà ont été cédées à la république cisalpine.

La France s'était réservé les isles ci-devant vénitiennes du Levant, savoir : Corfou, Céphalonie, Zante, Ste.-Maure, Val-di-Compare, Cérigo, Cerigotto et autres établissemens en Albanie, que les Russes et les Turcs leur ont enlevés en 1799 (an VII); ces isles se sont constituées depuis lors en république sous le nom de république Ionienne ou des Sept-Isles-Unies, sous la protection de la Russie et de la Porte ottomane.

Les évêchés de Trente et de Brixen, avec tous leurs biens, revenus, propriétés, droits et prérogatives sans exception, et les chapitres , abbayes et couvens situés dans lesdits évêchés.

La république de Venise se forma successivement, lorsque divers peuples, et en particulier les Huns, firent, en 453, une irruption en Italie; plusieurs habitans de la Lombardie se réfugièrent alors dans les lagunes ou petites isles situées dans le fond du golfe Adriatique; chaque isle eut d'abord son gouverneur particulier;

mais elles se réunirent en 709 pour ne former qu'un seul état, et se donnèrent un chef commun, sous le nom de doge.

Les isles du Levant avaient été conquises sur les Turcs par les Vénitiens; Corfou leur appartenait depuis 1386; Céphalonie depuis 1449; Ste.-Maure depuis 1502, etc.

L'évêché de Trente a été fondé par l'empereur Théodose; l'évêque était souverain et prince d'Empire.

L'évêché de Brixen fut fondé en 360; l'évêque était souverain et prince d'Empire; ces deux évêchés étaient sous la protection de l'Autriche.

L'archiduc grand-duc a cédé à l'infant duc de Parme le grand-duché de Toscane et dépendances, qui a été érigé en royaume sous le nom d'Étrurie.

Par une convention particulière du mois de mars 1801 (an IX), entre la France et l'Espagne, cette dernière a mis à la disposition de la première les états de l'infant-duc de Parme et de Plaisance.

Il a cédé à la France Porto-Ferraio dans l'isle d'Elbe.

Le grand-duché de Toscane avait été donné au duc de Lorraine en 1737, pour la cession qu'il fit de la Lorraine à la paix de Vienne en 1736, en faveur de Stanislas, roi de Pologne, à condition qu'après sa mort, elle reviendrait à la France; ce qui eut lieu en 1766.

L'archiduc grand-duc a acquis en indemnité l'archevêché de Salzbourg, l'évêché d'Eichstedt, à l'exception des bailliages enclavés dans le pays d'Anspach et de Bareuth; la prévôté de Berchtolsgaden; la partie de l'évêché de Passau, située au-delà de l'Inn et de l'Ilz, du côté de l'Autriche, à l'exception d'Innstadt et d'Ilzstadt, avec les chapitres, abbayes et couvens situés dans les diocèses susmentionnés. La dignité électorale lui a été accordée.

L'archevêché de Salzbourg fut fondé en 582; le pape Grégoire XII créa l'archevêque prince souverain et ses successeurs légats-nés du St.-Siége et primat de la Germanie.

L'évêché d'Eichstedt fut fondé par St.-Boniface en 741; l'évêque était prince souverain.

La prévôté de Berchtolsgaden a été fondée par la comtesse d'Harbourg et ses deux fils; le prévôt était prince du St.-Empire-Romain.

L'évêché de Passau fut fondé en 707 par l'archevêque de Lorch; son évêque était souverain et prince d'Empire.

Le duc de Modène a cédé à la république cisalpine le Modénais et dépendances.

Le Modénais comprenait les duchés de Modène, de Mirandole et de Reggio.

En 1771 la diète de l'Empire en avait assuré la succession et l'investiture, après l'extinction des mâles de la maison d'Est, à l'archiduc Ferdinand, troisième frère de l'empereur Joseph II.

Le duc de Modène a acquis pour indemnité le Brisgau et le bailliage de l'Ortenau, pour les posséder aux mêmes conditions que celles en vertu desquelles il possédait le Modénais.

Le roi de Prusse, électeur de Brandenbourg, a cédé à la France, la Gueldre et partie du duché de Cléves; la principauté de Meurs et les enclaves de Sevenaer, Huissen et Malbourg.

Les enclaves de Sevenaer, Huissen et Malbourg ont été cédées à la république batave, par une convention signée à Paris, le 23 mai 1802 (an X), entre la France et la Prusse, et d'un traité signé à Berlin, le 14 novembre de la même année.

Par le traité d'Utrecht, en 1713, le duché de Gueldre a été partagé entre l'Autriche, la Prusse et les Provinces-Unies.

Cléves appartenait à la Prusse depuis 1673.

La principauté de Meurs était autrefois un comté appartenant à la maison d'Orange; mais après la mort de Guillaume III, il tomba en partage au roi de Prusse, en faveur duquel l'empereur JosephII'érigea en principauté.

Le roi de Prusse a acquis en indemnité les évêchés d'Hildesheim et de Paderborn, le territoire et ville d'Erfurth, avec Untergleichen, et tous les droits et propriétés ci-devant mayençaises., en Thuringe; l'Eichsfeld et la partie mayençaise de Trefort; les abbayes d'Herford, Quedlinburg, Elten, Essen, Werden et Cappenberg; les villes impériales de Mulhausen, Nordhausen et Goslar; la ville de Munster et la partie méridionale de cet évêché. La Prusse a acquis deux votes virils, l'un pour Erfurth et l'autre pour l'Eichsfeld.

Les

Les évêchés d'Hildesheim et de Paderborn furent fondés par Charlemagne, et appartenaient à un seul et même évêque, qui était prince d'Empire.

L'Eichsfeld appartenait à l'électeur de Mayence; le comte de Gleichen lui vendit le Haut-Eichsfeld en 1294, et il obtint le Bas-Eichsfeld l'an 1632.

L'empereur Charlemagne nomma le premier évêque de Munster en l'an 802.

L'évêché de Munster appartenait à l'évêque, qui était prince d'Empire, depuis qu'Othon IV les éleva à cette dignité.

Erfurth appartenait à l'électeur de Mayence, depuis 1664.

L'abbaye d'Essen fut fondée en 877 par Alfried, évêque d'Hildesheim.

L'abbaye de Werden fut fondée par St.-Ludger, premier évêque de Munster.

L'abbaye d'Herford, dont l'abbesse était princesse d'Empire.

L'abbaye de Quedlinburg fut fondée en 932; l'abbesse était princesse d'Empire.

L'abbaye d'Elten a été fondée l'an 966.

Toutes ces abbayes étaient sous la protection de la Prusse.

Le roi de Sardaigne a cédé à la France le duché de Savoie; les comtés de Nice, Beuil et Tende.

Paris, 15 mai 1796 (an IV).

Par une convention particulière, il a également cédé la principauté de Piémont et le duché de Montferrat.

Une partie du Milanez-Savoyard a été cédée à la république italienne.

La Savoie appartenait à cette maison depuis le dixième siècle; elle a pour tige Bérold, dont le fils Humbert prit le titre de comte de Savoie l'an 1000; elle fut érigée en duché par l'empereur Sigismond en 1416.

Les comtés de Nice, Beuil et Tende faisaient partie du Piémont.

Le Piémont; la maison de ce nom en était souveraine depuis le quatorzième siècle.

Le Montferrat avait autrefois des souverains particuliers, qui portaient le titre de marquis; leur maison s'étant éteinte, il devint une dépendance du duc de Mantoue, depuis 1535 jusqu'en 1631, que le duc de Savoie l'obtint par la paix de Quieras, comme un fief de l'Empire, dont il fut investi par l'empereur en 1708.

La principauté de Monaco, enclavée dans le comté de Nice, appartenait au prince du même nom, sous la protection de la France, qui en a pris possession en 1793 (an I), et l'a réunie à son territoire.

Le pape a cédé à la France les villes et territoire d'Avignon, le comtat Venaisin et dépendances; les trois légations de Bologne, de Ferrare et de la Romagne.

Tolentino, 19 février 1797 (an V).

Ces trois légations ont été cédées à la république cisalpine.

B.

Philippe le Hardi, roi de France, céda le comtat Venaisin au pape Grégoire en 1273; il retourna ensuite à la Provence; mais Jeanne, reine de Naples et comtesse de Provence, le vendit avec la ville d'Avignon au pape Clément VI en 1348.

Le Bolonais, le Ferrarais et la Romagne avaient été réunis aux domaines des papes en 1137, 1278 et 1597.

Le roi de Naples a cédé à la France l'isle d'Elbe, la principauté de Piombino, Porto-Longone et dépendances dans l'isle, et les états des Présides, pour en disposer à son gré.

L'isle d'Elbe et Piombino avaient leurs princes particuliers, sous la protection du roi de Naples.

L'état des Présides ou des Garnisons est un pays que les Espagnols se réservèrent, lorsqu'ils cédèrent le Siennois au grand-duc de Toscane en 1557.

L'électeur-palatin de Bavière a cédé à la France partie du Palatinat-du-Rhin; les duchés de Deux-Ponts et Juliers; les principautés de Simmeren, Kaysers-Lautern et Veldenz; le bailliaged 'Hombourg, Klébourg, Messenheim; partie du comté de Sponheim; le marquisat de Berg-op-Zoom, et la seigneurie de Ravenstein.

Berg-op-Zoom et Ravenstein sont enclavés dans la république batave.

Aix-la-Chapelle et St.-Cornelius-Munster étaient sous la protection de l'électeur-palatin.

Le duché de Deux-Ponts faisait partie du cercle du Haut-Rhin, quoiqu'enclavé dans celui du Bas-Rhin; il échut à la maison palatine en 1385.

Le duché de Juliers fut d'abord une seigneurie, qui devint comté dans le dixième siècle, et marquisat en 1339; Charles IV en fit un duché en 1356, et après la mort du duc Jean-Guillaume, le comte palatin s'en assura la possession.

La principauté de Simmeren fut une partie des états que Rupert III, prince palatin, laissa à ses fils.

Kayserslautern était une partie de la succession des princes palatins.

La principauté de Veldenz passa dans la branche palatine de Simmeren, par un mariage.

Sponheim faisait autrefois partie de l'Austrasie ou de la France orientale.

Le marquisat de Berg-op-Zoom devait passer après l'extinction de la maison palatine dans celle d'Auvergne; la suzeraineté appartenait aux Hollandais.

Ravenstein a été un fief de Brabant, et devint un héritage des ducs de Clèves et de Juliers, et passa ensuite à l'électeur-palatin, par la succession de Juliers.

L'électeur-palatin a acquis pour indemnité l'évêché de Wurtz-bourg, sous quelques réserves; ceux de Bamberg, Freysing, Augsbourg, et celui de Passau (sauf la part de l'archiduc grand-duc), avec la ville, faubourgs et dépendances en de çà de l'Inn et de l'Ilz; la prévôté de Kempten, les abbayes de Waldsassen, Eberach, Yrsée, Wengen, Sofflingen, Elchingen, Ursberg, Roggenbourg, Wettenhausen, Ottobeuren, Kaysersheim et St.-Ulric; les droits, propriétés et revenus ecclésiastiques dépendans des chapitres, abbayes et couvens, situés dans la ville et banlieue d'Augsbourg; les villes impériales de Rothen-bourg, Weissembourg, Windsheim, Schweinfurth, Kempten, Kaufbeuren, Memmingen, Dunkelspühl, Nordlingen, Ulm, Bopfingen, Buchorn, Wangen, Leutkirch, Ravensbourg et leurs dépendances; Gochsheim et Seenfeld, y compris le Fregen-Leute, der Leut-Kircher-Heyde, et les parties d'Eichstedt, détachées du lot de l'archiduc grand-duc.

L'évêché de Wurtzbourg a été fondé en 741 par St.-Bourcard, qui en fut le premier évêque; l'évêque portait le titre de prince de Wurzbourg et duc de Franconie.

L'évêché de Bamberg fut érigé par l'empereur Henri de Bavière, et son premier évêque fut Évrard, chancelier d'Henri.

L'évêché d'Augsbourg fut fondé en 590. Henri fit son évêque prince d'Empire; l'électeur de Trèves en était évêque.

L'évêché de Freysing a été fondé par St.-Corbinian qui en fut le premier évêque en 710.

La France a acquis sur l'électeur de Mayence toute la partie de l'archevêché, située sur la rive gauche du Rhin.

L'archevêché de Mayence a été fondé en 747; l'archevêque était doyen des électeurs et archichancelier de l'Empire.

L'électeur a acquis en indemnité la principauté et ville de Ratisbonne et dépendances, avec les chapitres, abbayes et couvens, tant médiats qu'immédiats, qui s'y trouvent; les abbayes de St.-Emeran, Obermunster et Nidermunster; la ville impériale de Wetzlar, à titre de comté et en pleine supériorité territoriale, ainsi que tous les chapitres, abbayes et couvens situés dans lesdites principauté et comté; plus, la maison de Compostel à Francfort, et les propriétés et revenus du grand chapitre de Mayence, tenus et perçus hors des bailliages assignés au roi de Prusse, aux landgraves de Hesse-Cassel et de Hesse-Darmstadt, et aux princes de Nassau-Usingen et de Linange.

Les dignités du prince-électeur, archichancelier de l'Empire, ainsi que celles d'archevêque métropolitain, et de primat de Germanie, sont transférées et demeurent unies à perpétuité à l'église cathédrale de Ratisbonne.

Il sera en outre pourvu au complément de son indemnité, fixée à un million de florins, par des assignations sur l'octroi de navigation du Rhin.

L'établissement de cet octroi a été statué par la note supplémentaire des puissances médiatrices du 11 février 1803 (an XI), en remplacement des péages supprimés par le *Conclusum* général; il doit être réglé et perçu en commun par la France et l'Empire, et son produit doit servir au complément de la dotation de l'archichancelier et au paiement des différentes assignations et rentes pour lesquelles il n'est point assigné d'autres fonds.

Ratisbonne, ville libre impériale, le siége de la diète perpétuelle, où s'assemblent les députés du corps germanique depuis 1662; l'évêché a été fondé par St.-Boniface.

Wetzlar est une ville impériale depuis Frédéric II; elle est le siége suprême de l'Empire ou de la chambre impériale depuis 1693.

La France a acquis sur l'électeur de Trèves toute la partie de l'archevêché de ce nom, sur la rive gauche du Rhin; l'autre partie est tombée en partage à différens princes.

L'électeur

L'électeur de Trèves prenait le titre d'archichancelier de l'Empire pour les Gaules.
Par les derniers changemens cet électorat a été supprimé.

TRAITÉS .

La France a acquis sur l'électeur de Cologne la partie de Lunéville. l'archevêché de ce nom , sur la rive gauche du Rhin ; l'autre partie a été partagée entre différens princes.

L'électeur de Cologne prenait le titre d'archichancelier de l'Empire pour l'Italie; le dernier électeur est mort en mars 1801 (an IX).

Par les derniers changemens, cet électorat est supprimé.

Le duc de Wurtenberg - Teck a cédé à la France la prin- Paris, 17 août 1796 (an IV). cipauté de Montbelliard , les seigneuries d'Héricourt , de Passavant et dépendances ; le comté d'Horbourg, les seigneuries de Riquewick et Ostheim , et généralement toutes ses propriétés , droits et revenus fonciers, sur la rive gauche du Rhin.

La principauté de Montbelliard entra dans la maison de Wurtenberg en 1397, par le mariage de la fille aînée de Henri , comte de Montbeillard, avec Éverard V , comte de Wurtenberg; elle a de nouveau été adjugée au duc de Wurtenberg , par le conseil aulique en 1723, et par la France en 1748; elle était en partie sous l'immédiateté de l'Empire , et en partie sous la souveraineté de la France.

Le duc a acquis en indemnité la prévôté d'Elwangen , les Ratisbonne. chapitres , abbayes et couvens de Zwiefalten , Schonthal ; Combourg avec supériorité territoriale , sauf les droits des princes séculiers et du comte de Limbourg ; Rothmunster , Heiligen , Kreutsthal , Obristenfeld , Margarethausen , et tous ceux situés dans ses nouvelles possessions ; le village de Durren-Melstetten , et les villes impériales de Weil, Reutlingen, Eslingen , Rothweil, Giengen , Aalen , Hall , Gemund et Heilbronn ; le tout à charge de plusieurs rentes perpétuelles , montant ensemble à la somme annuelle de 88,000 fl. , savoir :

Aux princes de Hohenlohe - Waldenbourg , pour leur part au

C

 péage de Boppard, 600 fl., dont moitié à Bartenstein, moitié à Schillingsfurst.

Au prince de Salm-Reiferscheid, pour son comté de Nider-Salm, 12,000 fl.

Au comte de Limbourg-Styrum, pour la seigneurie d'Oberstein, 12,200 fl.

Au comte de Schall, pour sa terre de Megen, 12,000 fl.

A la comtesse de Hillesheim, pour sa part à la seigneurie de Reipols-Kirchen, 5,400 fl.

A la comtesse douairière de Lowenhaupt, pour les droits féodaux de sa part à la seigneurie d'Ober et Nieder-Brunn, 11,300 fl.

Aux héritiers du baron de Dietricht, pour les mêmes droits, 31,200 fl.

Et aux sieurs Seubert, pour les fiefs Benthal et Bretigny, 3,300 fl.

La dignité électorale a été accordée au duc de Wurtenberg.

 La France a acquis sur le landgrave de Hesse-Cassel, la ville de St.-Goar, et le château de Rheinfels, au bas-comté de Catzenellenbogen.

St.-Goar et Rheinfels fut dévolu au landgrave, après la mort du dernier comte de Catzenellenbogen en 1479.

 Le landgrave de Hesse-Cassel a acquis en indemnité, tant pour ces parties que pour ses droits et prétentions sur Corvey, les bailliages ci-devant mayençais, enclavés dans la Hesse ; de Fritzlar, Naumbourg, Neustad et Amœnebourg, et les couvens auxdits bailliages ; la ville impériale de Gelnhausen, et le village d'Empire de Holzhauzen ; le tout à charge d'une rente perpétuelle de 22,500 fl. envers le landgrave de Hesse-Rothenbourg, laquelle rente sera transférée dans la suite sur l'excédant du produit de l'octroi de navigation.

La dignité électorale lui a été accordée , ainsi que deux TRAITÉS.
votes virils, l'un pour Fritzlar et l'autre pour Hanau.

La France a acquis sur le landgrave de Hesse - Darmstadt le Lunéville.
comté de Lichtenberg sur la rive gauche du Rhin.

Ce comté a eu ses comtes particuliers jusqu'en 1480 , et passa par succession
dans la maison de Hanau , et de celle-ci dans la maison de Hesse ; il appartenait
au landgrave depuis la mort du comte de Hanau en 1736.

Il a acquis en indemnité , tant pour la perte de ce comté , Ratisbonne.
que pour la suppression de ses droits de protection sur Wetzlar
et de haut-conduit à Francfort , et la cession des bailliages
hessois de Lichtenau et de Wildstedt ; de Catzenellenbogen ,
de Braubach , d'Embs , de Kleberg , d'Epstein ; et du village
de Weiperfelden ; le duché de Westphalie et dépendances , et
notamment Volkmarsen , avec les chapitres , abbayes et couvens
qui se trouvent dans ledit duché , à charge d'une rente perpétuelle de 15,000 fl. envers le prince de Wittgenstein-Berlebourg ,
laquelle rente sera transférée dans la suite sur l'excédant du
produit de l'octroi de navigation ; plus , les bailliages mayençais
de Gernsheim , Bensheim , Heppenheim , Lorch , Furth , Stein-
heim , Alzenau , Wilbel , Rockenbourg , Hasloch , Astheim ,
Hirschhorn ; les possessions et revenus dépendans de Mayence ,
au sud du Mein , situés au pays de Darmstadt ; ceux dépendans
des chapitres , abbayes et couvens assignés au prince de Nassau-
Usingen , à la réserve des villages de Burgel et de Schwanheim ;
les bailliages palatins de Lindenfels , Umstadt et Olzberg ; partie
de ceux d'Alzey et d'Oppenheim ; les restes de l'évêché de
Worms , les abbayes de Seligenstadt , et de Marienschloss près
de Rockenbourg ; la prévôté de Wimpfen , et la ville impériale
de Friedberg ; le tout à charge d'augmenter d'un quart la rente
appanagère du landgrave de Hesse-Hombourg.

Le landgrave a acquis deux votes virils, l'un pour le duché de Westphalie et l'autre pour Starkenbourg, et à l'extinction de la maison de
Hesse-Cassel le titre électoral passera à celle de Hesse-Darmstadt.

L'empereur Fréderic I donna le duché de Westphalie à l'archevêque Philippe
en 1180; on y joignit au quatorzième siècle le comté d'Arensberg.

Lunéville.

Les républiques française et batave ont acquis sur le prince
de Nassau-Orange-Dillenbourg, ses domaines dans la Belgique
et en Hollande.

Ratisbonne.

Il a acquis tant pour les pertes susmentionnées que pour indemnité du stadthoudérat, ou gouverneur-général des Provinces-
Unies, l'évêché de Fulde, l'abbaye de Corvey, la ville impériale de Dortmund, l'abbaye de Weingarten, les abbayes et
prévôtés de Hofen, St.-Gerold et Bandern, Dietkirchen avec tous
les chapitres, abbayes et couvens situés dans les pays assignés,
à charge de satisfaire aux prétentions subsistantes et reconnues
par la France, sur quelques successions réunies au majorat de
Nassau-Dillenbourg.

Le prince de Nassau-Siegen reçoit un appanage ou revenu
annuel affecté sur les possessions immédiates du prince d'Orange.

La maison de Nassau descend d'Otton, frère de l'empereur Conrad; cette maison
s'étendit par ses branches et ses possessions; elle a fourni un empereur à l'Allemagne, et un grand nombre d'hommes illustres.

Le premier stadthouder fut Guillaume de Nassau, prince d'Orange en 1579.

L'évêché de Fulde fut primitivement une abbaye fondée en 744, par St.-Boniface,
évêque de Mayence; Bénoît XIV l'érigea en évêché en 1752; l'évêque était souverain du Buchau et prince d'Empire.

L'abbaye de Corvey a été fondée par l'empereur Louis.

Lunéville.

La France a acquis sur le prince de Nassau-Usingen la principauté de Saarbruck, ses deux tiers dans le comté de Saarwerden,
et la seigneurie d'Ottweiller.

La

La principauté de Saarbruck appartenait au prince de Nassau-Usingen, depuis l'extinction de la branche de Nassau-Saarbruck en 1728.

Le comté de Saarwerden a eu ses comtes particuliers jusqu'en 1527, qu'il passa aux princes de Nassau par un mariage.

Il a acquis en indemnité, tant pour les pertes susmentionnées que pour la seigneurie de Lahr, dans l'Ortenau, les bailliages ci-devant mayençais, de Königstein, Hœchst, Cronenbourg, Rudelsheim, Oberstein, Ettwille, Haarheim, Cassel, avec les possessions du grand chapitre à la droite du Mein sous Francfort; le bailliage palatin de Caub avec dépendances; les restes de l'électorat de Cologne proprement dit, à l'exception des bailliages d'Altwied et de Neubourg; les bailliages hessois de Catzenellenbogen, Braubach, Embs, Epstein et Kleberg, dégagés des prétentions de Solms; les villages de Weiperfelden, Soden, Sulzbach, Schwanheim et Okriftel; les chapitres et abbayes de Limbourg, Rummersdorf, Bleidenstadt, Sayn, et tous les chapitres, abbayes et couvens situés dans les terres qu'il reçoit en indemnité; le comté de Sayn-Altenkirchen, à charge de se conformer à la convention arrêtée par le dédommagement de la maison de Sayn-Wittgenstein, pour ses prétentions sur le comté de Sayn.

Il a acquis un vote viril affecté à ses nouvelles possessions.

La France a acquis sur le prince de Nassau-Weilbourg, son tiers dans le comté de Saarwerden et la seigneurie de Kirchen-Polanden.

Le tiers de ce comté fut assigné en 1745 à la branche de Weilbourg.

Il a acquis pour indemnité les restes de l'électorat de Trèves avec les abbayes d'Arnstein, de Schönau et de Marienstadt; et un vote viril affecté à ses nouvelles possessions.

D

TRAITÉS.

Paris, 22 août, 1796 (an IV).

Le margrave de Baaden a cédé à la France les seigneuries de Rode-Machern et Hespringen, sa portion dans le comté de Sponheim, la seigneurie de Rhein-Gravenstein, les bailliages de Benheim et de Rhode, les deux tiers de la terre de Katzenhausen, les isles du Rhin, et généralement toutes ses possessions sur la rive gauche de ce fleuve.

Ratisbonne.

Il a acquis, en indemnité l'évêché de Constance, les restes des évêchés de Spire, Bâle et Strasbourg ; les bailliages palatins de Ladenbourg, Bretten et Heidelberg, avec les villes de Manheim et Heidelberg ; la seigneurie de Lahr, aux conditions convenues entre ledit margrave et le prince de Nassau-Usingen et autres intéressés ; les bailliages hessois de Lichtenau et de Wilstadt ; les abbayes de Schwarzach, Frauenalb, Allerheiligen, Lichtenthal, Gegenbach, Ettenheim-Munster, Petershausen, Reichenau, Oehningen ; la prévôté et le chapitre d'Odenheim et l'abbaye de Salmansweiler, à la réserve d'Ostrach et annexes ; les villes impériales d'Offenburg, Zell, Gegenbach, Ueberlingen, Biberach, Pfullendorf et Wimpfen ; et les droits et possessions tant médiats qu'immédiats, dépendans des établissemens publics et corporations de la rive gauche du Rhin au sud du Necker.

La dignité électorale lui a été accordée.

L'évêque de Constance était prince du St.-Empire. Charles V rendit cette ville dépendante de sa maison en 1545.

Les évêques de Strasbourg et de Spire avaient le titre de prince d'Empire.

Lunéville.

La France a acquis sur les princes de Salm la principauté de ce nom, le comté de Nieder-Salm, Senone, Kirn, Hausen, Hoogstraete, etc.

La principauté de Salm a été érigée en 1622 par l'empereur Ferdinand II, et reconnue état de l'Empire en 1623 et 1668.

Hoogstraete a été érigé en duché l'an 1739.

Ces princes ont acquis en indemnité , savoir :

Le prince de Salm - Salm deux tiers dans les bailliages de TRAITÉS.
Ratisbonne: Bocholt et d'Ahaus , au pays de Munster , avec les chapitres , archidiaconats , abbayes et couvens y situés.

Le prince de Salm - Kyrbourg l'autre tiers , avec chacun un vote viril affecté à leurs nouvelles possessions.

Le Rheingrave de Salm partie du bailliage d'Horstmar au pays de Munster , avec les chapitres, archidiaconats , abbayes et couvens qui s'y trouvent , à charge de remplir les engagemens contractés envers le prince de Salm.

La maison de Salm-Reiferscheid-Bedbourg le bailliage mayençais de Krautheim avec les droits de juridiction de l'abbaye de Schönthal audit bailliage , et une rente perpétuelle de 32,000 fl. sur Amorbach.

Le prince de Salm-Reiferscheid , pour le comté de Nieder-Salm, une rente perpétuelle de 12,000 fl. sur Schönthal.

Et le comte de Reiferscheid-Dyck , pour les droits féodaux de son comté , une rente perpétuelle de 28,000 fl. sur les biens des chapitres de Francfort , laquelle rente sera transférée dans la suite sur l'excédant du produit de l'octroi de navigation.

La France a acquis sur le duc d'Aremberg la principauté Lunéville. d'Aremberg , les comtés de Kerpen , Saffenbourg et Schleiden , la baronnie de Commern et la seigneurie de Fleringen.

Le duché d'Aremberg fut incorporé au cercle du Bas-Rhin et érigé en principauté par l'empereur Maximilien II, en faveur de Jean de Ligne, seigneur de Barbençon, qui prit le nom d'Aremberg.

Il a acquis pour indemnité le bailliage de Meppen au pays Ratisbonne. de Munster, et le comté de Recklinghausen pays de Cologne , avec les chapitres, prébendes , archidiaconats , abbayes et couvens qui s'y trouvent, et un vote viril affecté à ses nouvelles possessions.

 Les Provinces-Unies ont cédé à la France la Flandre et le Fauquemont hollandais, le comté de Vroenhove, partie du comté de Daelhem, Maestricht, Venlo et leurs dépendances.

Ces pays, qui leur appartenaient sous le nom de pays de la généralité, forment avec les ci-devant Pays-Bas autrichiens, les principautés de Liége et de Stavelot, les neuf départemens réunis.

La Flandre hollandaise est passée sous la domination des États-Généraux par le traité de Munster en 1648; elle avait été aggrandie par celui des barrières en 1715.

Le Fauquemont hollandais faisait autrefois partie du duché de Limbourg; il eut des seigneurs particuliers, et passa aux Provinces-Unies par la paix de Munster.

La partie du comté de Daelhem a été possédée par les hollandais depuis leur paix avec l'Espagne.

Maestricht et le comté de Vroenhove faisaient partie du Brabant Hollandais; la souveraineté de Maestricht appartenait en commun aux États-Généraux et à l'évêque de Liége.

Venlo appartenait aux États-Généraux depuis le traité des barrières.

 La France a acquis sur le prince-évêque de Liége l'évêché de ce nom et dépendances.

La principauté de Liége faisait partie du cercle de Westphalie, et appartenait à son évêque, qui était prince d'Empire; cet évêché fut d'abord fondé à Tongres en 310; St.-Hubert le transféra à Liége au huitième siècle.

La principauté et abbayes de Stavelot et de Malmedy.

Ces deux abbayes ont été fondées par St.-Remacle au septième siècle; l'abbé de Stavelot était prince d'Empire et comte de Logne.

La république helvétique a cédé à la France tout ce qui faisait partie du ci-devant évêché de Bâle, et la principauté de Porentrui, ainsi que la république de Mulhausen et autres enclaves suisses, compris dans les départemens du Haut-Rhin et du Mont-Terrible.

On

On ignore le temps où l'évêché de Bâle fut fondé ; il faisait partie du corps helvétique ; l'évêque était souverain de l'Elsgau et prince d'Empire.

Mulhausen était autrefois une ville libre impériale, qui s'allia au corps helvétique en 1515 ; elle fut réunie à la France en 1798 (an VI).

Par la loi du 17 février 1800 (an VIII), le département du Mont-Terrible a été supprimé et réuni à celui du Haut-Rhin.

La république helvétique a acquis en compensation de ses droits et prétentions sur les possessions situées en Souabe, dépendantes de ses établissemens ecclésiastiques, desquelles il est disposé, l'évêché de Coire, à charge de pourvoir à l'entretien de l'évêque et du chapitre ; la seigneurie de Traps, et le Frickthal.

L'évêque de Coire était prince d'Empire, et autrefois souverain de la ville.

La seigneurie de Traps appartenait au prince de Dietrichstein.

Le Frickthal est une contrée enclavée dans la Suisse, qui faisait partie du Brisgau.

La France a acquis la ville et république de Genève.

Genève avait été érigé en ville impériale et épiscopale par Fréderic II ; les Genevois ayant éloigné leur évêque lors de la réformation, ils s'érigèrent en république en 1534 ; elle a été reçue dans la confédération helvétique en 1558.

La république ligurienne a cédé à la France l'isle de Capraia dans la Méditerranée.

Les Génois s'étaient réservés cette isle lors de la cession de l'isle de Corse à la France en 1768.

Elle a acquis en indemnité les fiefs impériaux, Seraval et Carosio.

Les fiefs impériaux avaient été cédés au roi de Sardaigne, par les traités de Vienne de 1735 et 1758.

Le roi d'Angleterre, électeur de Brunswick-Lunebourg, a acquis, pour ses prétentions au comté de Sayn-Altenkirchen,

E

 Hildesheim, Corvey et Höxter, et ses droits et propriétés dans les villes de Hambourg et Bremen, et leurs territoires, notamment dans le territoire de cette dernière, comme aussi pour la cession du bailliage de Wildeshausen, l'évêché d'Osnabruck.

Depuis la paix de Westphalie an 1648, la principauté et évêché d'Osnabruck a été possédé alternativement par un prince de Brunswick-Lunebourg et un prince catholique.

Le duc de Brunswick-Wolffenbuttel a acquis les abbayes de Gantersheim et de Helmstedt, à charge d'une rente perpétuelle de 2,000 fl. envers la fondation de la princesse Amélie, à Dessau.

 Le duc d'Olstein-Oldenbourg, pour la suppression du péage d'Elsfleth sur le Weser, la cession des villages au territoire de Lubeck, et pour ses droits et propriétés, et ceux du chapitre dans la ville de ce nom, l'évêché et grand chapitre de Lubeck, le bailliage hanovrien de Wildeshausen, et les bailliages de Vechte et de Klopenbourg au pays de Muntser.

Lubeck, ville libre impériale et anséatique; l'évêque est prince d'Empire.
Le bailliage de Vechte a été un comté particulier jusqu'au treizième siècle. L'évêque de Munster l'avait acheté des comtes de la Lippe en 1247.
Le bailliage de Klopenbourg a appartenu autrefois aux comtes de Tecklenbourg.

Le duc de Croy a obtenu les restes du bailliage de Dulmen.

Le duc de Looz-Corswarem, les restes des bailliages de Bevergen et de Wolbeck au pays de Munster.

Le prince de Ligne, pour Fagnoles, l'abbaye d'Edelstetten à titre de comté.

Le duc de Mecklenbourg-Schwerin, pour ses droits et répétitions sur deux canonicats héréditaires de l'église de Strasbourg, qui lui avaient été donnés en remplacement du port de Wismar, ainsi que pour ses prétentions sur la presqu'isle de Priwal dans la Trave, dont la propriété reste exclusivement à la ville de

Lubeck ; les droits et propriétés de l'hôpital de Lubeck, dans TRAITÉS.
les villages Warneckenhagen , Altenbuchau et Crumbroek , et
dans ceux de l'isle de Poel ; plus , une rente perpétuelle de
10,000 fl. sur l'octroi de navigation.

Le prince de Hohenzollern-Hechingen , pour ses droits féodaux Ratisbonne.
dans le comté de Cuelle, et les seigneuries de Mouffrin et de
Baillonville, au pays de Liége, la seigneurie de Hirschlatt et
le couvent de Stetten.

Le prince de Hohenzollern-Sigmaringen, pour ses droits féodaux
dans les seigneuries de Boxmer, Dixmude, Berg , Gendringen ,
Etten , Visch , Pannerden et Mühlingen , et pour ses domaines
dans la Belgique , la seigneurie de Glatt et les couvens
d'Intzighofen , Closter-Beuren et d'Holzheim au pays d'Augsbourg.

Au prince de Dietrichstein , pour la seigneurie de Traps au
pays des Grisons, la seigneurie de Neu-Ravensbourg.

Cette seigneurie appartenait à l'abbaye de St-Gall.

Le prince de la Tour et Taxis , pour indemnité des revenus
des postes d'Empire dans les provinces cédées à la France, la ville
et l'abbaye de Buchau , celles de Marchthal et Neresheim , et
le bailliage d'Ostrach dépendant de Salmansweiller , dans toute
l'étendue de son administration actuelle avec la seigneurie de
Schemmelberg , et les hameaux de Tiefenthal , Frankenhofen
et Stetten.

Le prince de Lœwenstein-Wertheim, pour le comté de Pute-
lange , les seigneuries de Scharfeneck, de Cugnon et autres ,
les deux villages mayençais de Würth et Trennfürth, les bailliages de Rothenfels et de Hombourg au pays de Wurztbourg ,
les abbayes de Brambach , Neustadt et Holzkirchen , les régies
wurztbourgeoises de Widdern et Thalheim, une rente perpétuelle

 de 12,000 fl. sur l'octroi de navigation , et les droits et revenus de Wurztbourg dans le comté de Wertheim , sous la clause néanmoins de rétrocéder le susdit bailliage de Hombourg et l'abbaye de Holzkirchen à l'électeur-palatin de Bavière , contre une rente perpétuelle de 28,000 fl. , ou tout autre équivalent dont ils pourront convenir.

 Les comtes de Lœwenstein-Wertheim , pour le comté de Virnebourg , le bailliage de Freudenberg , la chartreuse de Grunau , le couvent de Friefenstein et les villages de Montfiield , Rauenberg , Wissenthal et Trennfeld.

Le prince d'Œtingen - Wallerstein , pour la seigneurie de Dachstuhl , l'abbaye de Ste.-Croix de Donawerth , le chapitre de St.-Magnus à Fuessen , et les couvens de Kirchheim et Maittingen au pays de Wallerstein.

Les princes et comtes de Solms , pour la seigneurie de Rohrbach , celle Kratz-Scharfenstein , Hirschfeld , et pour leurs droits et prétentions sur l'abbaye d'Arnsbourg , et sur le bailliage de Kleeberg , l'abbaye d'Arnsbourg et celle d'Altenbourg au pays de Solms.

Le prince de Solms-Braunfels est introduit au collége des princes avec un vote viril.

Les princes et comtes de Stolberg , pour le comté de Rochefort et leurs prétentions sur Königstein , une rente perpétuelle de 30,000 fl. sur l'octroi de navigation.

Le prince Charles de Hohenlohe-Bartenstein , pour la seigneurie d'Oberbrunn , les bailliages de Faltenbergstetten , Lauterbach , Iaxtberg et Braunbach , le péage de Wurtzbourg au pays de Hohenlohe , sa part au village de Neuenkirchen , le village de Munster et la partie orientale du territoire de Carlsberg , etc.

Le

Le prince de Hohenlohe-Ingelfingen, pour ses droits et prétentions sur les sept villages de Köningshofen, Rettersheim, Reidersfeld, Wermuthhausen, Neubronn, Streichenthal et Oberndorf, le village de Nagelsberg.

Le prince de Hohenlohe-Neuenstein, pour la cession du village de Munster et de la partie orientale du territoire de Carlsberg, le village d'Amrischhausen et les parts de Mayence, Wurtzbourg et Combourg, au bourg de Künselsau.

Les chefs des deux branches de Hohenlohe-Waldenbourg, pour leur part au péage de Boppard, la rente perpétuelle mentionnée de 600 fl. sur Combourg.

Le prince d'Ysenbourg, pour la cession du village d'Okriftel, le village de Gainsheim près du Rhin, avec les restes du chapitre de Jacobsberg à la droite du Rhin, à la réserve des enclaves au territoire du landgrave de Hesse-Cassel, et le village de Biergel près d'Offenbach.

La princesse d'Ysenbourg, comtesse de Barckstein, pour sa part à la seigneurie de Reipoltskirchen et autres seigneuries à la rive gauche du Rhin, une rente perpétuelle de 23,000 fl. sur l'octroi de navigation.

La maison de Linange, pour la principauté de ce nom, le comté de Dabo et la seigneurie de Weitersheim, ainsi que pour ses droits et prétentions sur Saarwerden, Lahr et Malbert, savoir:

Le prince de Linange, les bailliages mayençais de Miltenberg, Lüchen, Selgenthal, Amorbach et Bischofsheim, les bailliages de Grunsfeld, Lauda, Hartheim et Ritberg, détachés de Wurtzbourg, les bailliages palatins de Boxberg et Mosbach, et les abbayes de Gerlachsheim et d'Amorbach.

Le prince de Linange-Guntersblum, la Kellerey mayençaise

de Billigheim, et une rente perpétuelle de 3,000 fl. sur l'octroi de navigation.

 Le comte de Linange-Heidesheim, la Kellerey mayençaise de Neidenau, et une rente perpétuelle de 3,000 fl. sur l'octroi de navigation.

Le comte de Linange-Westerbourg, branche aînée, l'abbaye et couvent d'Ilbenstadt en Wetteravie, avec supériorité territoriale dans son enclos, et une rente perpétuelle de 3,000 fl. sur l'octroi de navigation.

Le comte de Linange-Westerbourg, branche cadette, l'abbaye d'Engelthal en Wetteravie, et une rente perpétuelle de 6,000 fl. sur l'octroi de navigation.

Emic fut le premier comte de Linange dans le douzième siècle; les deux frères joignirent le comté de Dabo à celui de Linange, et il se forma deux branches; l'aînée s'éteignit en 1467, et un mariage fit passer sa portion aux comtes de Westerbourg.

Le prince de Wied-Runkel, pour le comté de Créange, les bailliages de Nurbourg et d'Altwied au pays de Cologne, et la Kellerey de Wilmar.

Le prince de Brezenheim, pour Brezenheim et Winzenheim, la ville et l'abbaye de Lindau au lac de Constance.

Le prince de Witgenstein - Berlebourg, pour les seigneuries de Neumagen et de Hemsbach, la rente perpétuelle de 15,000 fl. sur le duché de Westphalie.

Les comtes d'Empire ont acquis en indemnité, savoir :

Le comte d'Aspremont-Linden, pour Reckheim, l'abbaye de Baindt, et une rente annuelle de 850 fl. sur Ochsenhausen.

Le comte de Bassenheim, pour Pirmont et Ollbrucken, l'abbaye d'Heggenbach, à l'exception des bourgs de Mietingen et Sullmingen, de la dime de Baltringen, et de 500 arpens

de bois affectés à cette part , et en outre une rente de 1300 fl.
sur Buxheim.

TRAITÉS.

Ratisbonne.

Le comte de Metternich , pour Winnebourg et Beilstein , l'abbaye d'Ochsenhausen, à l'exception du bailliage de Tannheim, et à charge de payer une rente annuelle de 20,000 fl. savoir : au comte d'Aspremont les 850 fl. mentionnés ; au comte de Quadt 11,000 fl. , et au comte de Wartemberg 8150 fl.

Le comte d'Ostein , pour Millendonck , l'abbaye de Buxheim , à l'exception du village de Pless , et à charge de payer une rente annuelle de 9,000 fl. , savoir : au comte de Bassenheim les 1300 fl. mentionnés ; au comte de Plettenberg 6000 fl. , et au comte de Goldstein 1700 fl.

Le comte de Plettenberg , pour Witten et Eyss , les bourgs de Mietingen et Sullmingen , détachés de l'abbaye d'Heggenbach, avec les dimes de Baltringen , et 500 arpens de bois dans les forêts de Wolfsloch , Laitbühl et Schnekenkau , voisines de Mietingen , et la rente annuelle mentionnée de 6000 fl. sur Buxheim.

Le comte de Quadt , pour Wickerath et Schwanenberg, les abbaye et ville d'Isny , et la rente annuelle mentionnée de 11,000 fl. sur Ochsenhausen.

Le comte de Schaesberg , pour Kerpen et Lummersum , le bailliage de Thannheim dépendant d'Ochsenhausen , à l'exception du village de Winterrieden , et à charge d'une rente annuelle de 2000 fl. , savoir : au comte de Sinzendorf 1500 fl. , et au comte d'Hallberg 500 fl.

Le comte de Sinzendorf , pour le bourgraviat de Reineck, le village de Winterrieden susmentionné sous la dénomination de bourgraviat , et la rente annuelle de 1500 fl. sur Thannheim.

Le comte de Sternberg , pour Blankenheim , Junkerath , Gerolstein et Dollendorff , les abbayes de Schussenried et de

 Weissenau, à charge d'une rente annuelle de 13,900 fl., savoir : au comte de Wartemberg pour Siekingen 5,500 fl.; au comte de Siekingen à Siekingen 1,110 fl.; au comte d'Hallberg 6,880 fl.; au comte de Nesselrode - Reichenstein 260 fl., et au comte de Goldstein 150 fl.

 Le comte de Torring, pour Gronsfeld, l'abbaye de Gütsenzell.

Le comte de Wartemberg, pour Wartemberg, l'abbaye de Roth, et la rente annuelle mentionnée de 8,150 fl. sur Ochsenhausen.

Le comte de Wartemberg à la place de Siekingen, pour Ellerstadt, Aspach et Oranienhof, le village de Pless, dépendant de Buxheim, et la rente annuelle mentionnée de 5,500 fl. sur Schüssenried.

Le comte de Goldstein, pour Schlenacken, les rentes annuelles mentionnées de 1700 fl. sur Buxheim, et de 150 fl. sur Schüssenried.

Le comte d'Hallberg, pour Füsgenheim et Rückheim, les rentes annuelles mentionnées de 6,880 fl. sur Schüssenried, et de 500 fl. sur Thannheim.

Le comte de Nesselrode - Reichenstein, pour Bourgfrey et Mechernich, la rente annuelle mentionnée de 260 fl. sur Schüssenried.

Le comte de Siekingen à Siekingen, pour le bailliage de Hoheneinoden, la rente annuelle mentionnée de 1,110 fl. sur Schüssenried.

Le complément de leur indemnité, s'il y a lieu, sera assigné sur les revenus qui pourraient être ultérieurement disponibles, de même que les indemnités qui pourraient être dues à aucun des membres de l'ordre équestre.

Les

Les votes des comtes immédiats d'Empire sont transférés sur les terres qu'ils reçoivent en dédommagement.

Les ordres teutonique et de Malthe ont acquis en compensation de leurs pertes à la rive gauche du Rhin, savoir :

Le prince grand-maître de l'ordre teutonique, les chapitres, abbayes et couvens médiats du Vorarlberg, de la Souabe autrichienne, et généralement tous les couvens médiats des diocèses d'Augsbourg et de Constance en Souabe, dont il n'a pas été disposé, hors ceux du Brisgau.

Le prince grand-prieur et le grand-prieuré de l'Allemagne de l'ordre de Malthe, le comté de Bondorf, les abbayes de St.-Blaise, de St.-Rupert, de Schuttern, de St.-Pierre et de Tennenbach, et généralement tous les chapitres, abbayes et couvens du Brisgau, avec toutes les dépendances respectives à la rive droite du Rhin des objets ci-dessus désignés, à charge par lui d'acquitter les dettes personnelles des ci-devant évêques de Bâle et de Liége, contractées depuis qu'ils sont hors de leurs siéges.

La sustentation des souverains ecclésiastiques dont les pays passent en entier ou en majeure partie avec leurs résidences à des souverains séculiers, est réglée, d'après un *minimum* et un *maximum*, de la manière suivante, savoir :

Pour les princes-évêques, le *minimum* est de 20,000 fl., et le *maximum* de 60,000 fl.

Pour les princes-abbés et prévôts du premier rang, le *minimum* des princes-évêques.

Pour tous les autres princes-abbés, lo *minimum* est de 6000 fl., et le *maximum* de 12,000 fl.

Pour les princesses-abbesses, le *minimum* de 3,000 fl., et le *maximum* de 6,000 fl.

G

Pour les prélats et abbesses d'Empire, de même que pour les abbés immédiats, le *minimum* est de 2,000 fl., et le *maximum* de 8,000 fl.

Dédommagement pécuniaire accordé aux princes-archevêques et évêques, qui ont perdu, avec leurs titres et leurs siéges, les revenus qui y étaient attachés, en vertu des dispositions arrêtées par la diète, ou réciproquement convenues entre eux et les princes héréditaires qui ont obtenu leurs pays pour indemnité.

L'électeur archichancelier reçoit annuellement 20,000 fl. du margrave de Baaden, pour Constance ; 10,000 fl. du landgrave de Hesse-Darmstadt, pour la partie de l'évêché de Worms, qui lui est dévolue.

Par la cession de la ville de Mayence et de son territoire sur la rive gauche du Rhin, l'électorat archiépiscopal de ce nom a changé de dénomination, et son siége a été transféré à Ratisbonne.

L'électeur de Trèves reçoit une pension annuelle de 100,000 fl., de la part des membres du nouveau collége électoral ; plus, 60,000 fl. de l'électeur de Bavière, pour l'évêché d'Augsbourg ; plus, 20,000 fl. du duc de Wurtemberg, pour la prévôté d'Elwangen, et une somme annuelle de 2,200 fl. de la caisse de Dillingen ; il a en outre obtenu à vie le château épiscopal et la jouissance des bourgs d'Oberdorf et Hindelang, et 36,000 fl. pour les arrérages.

L'évêque de Wurtzbourg reçoit de l'électeur de Bavière une pension annuelle de 60,000 fl., et 30,000 fl. en sus après la mort de l'évêque de Bamberg, dont il est coadjuteur.

L'évêque de Bamberg reçoit du même une pension de 50,000 fl.

L'évêque de Passau. . . . .

L'évêque de Freysing. . . . .

L'archevêque de Salzbourg reçoit de l'archiduc-grand-duc une pension annuelle de 100,000 fl.

L'évêque d'Eichstedt reçoit du même une pension de 40,000 fl.

L'évêque de Passau. . . . .

L'évêque de Paderborn et d'Hildesheim reçoit une pension annuelle de 50,000 écus du roi de Prusse, qui, pour ne pas diminuer la somme assignée à l'évêque, prend sur lui celle de 6,000 fl. d'Empire, dont était chargé le prince pour la sustentation des évêques de Liége et de Bâle.

L'évêque de Liége reçoit une pension annuelle de 20,000 fl.

. . . .

Il reçoit en outre de l'ordre de St.-Jean de Jérusalem une somme de 840,000 fl. pour ses dettes personnelles.

L'évêque de Bâle reçoit une pension de 10,000 fl.

. . . .

Il reçoit en outre du même ordre une somme de 260,000 fl. pour l'acquittement de ses dettes personnelles.

L'évêque de Strasbourg . . . . ?

L'évêque de Trente . . . .

L'évêque de Brixen . . . .

L'évêque de Spire . . . .

L'évêque de Fulde . . . .

Nota. S'il se trouvait dans le corps de l'ouvrage quelque fausse énonciation ou omission quelconque, l'éditeur les redressera par une note supplémentaire et dans laquelle il comprendra tous les changemens survenus postérieurement au *Conclusum* général de la diète de l'Empire, par des nouvelles concessions, échanges, dotations, etc., et qui sera délivrée de même à MM. les Souscripteurs.

EMPIRE D'ALLEMAGNE DIVISÉ EN CERCLES.

	Surface en milles	Population.	
Cercle d'Autriche............	2565	4,840,000	La division de l'Allemagne en cercles a eu lieu en 1437, 1439 et 1512, pour faciliter l'ordre et rendre la paix plus stable.
——— de Bourgogne........	470	2,000,000	Le cercle de Bourgogne, qui n'était plus considéré comme faisant partie de l'Empire depuis le traité de Munster en 1648, comprenait les ci-devant Provinces-Belgiques.
——— du Bas-Rhin........	460	1,185,000	Le cercle du Bas-Rhin, composé des ci-devant électorats de Mayence, de Trèves, partie du Bas-Palatinat et de quelques seigneuries sur la rive gauche du Rhin, est réduite à peu de chose; une partie de celui du Haut-Rhin et de la Westphalie, sont devenus par les derniers changemens des départemens français.
——— du Haut-Rhin.......	500	1,175,000	
——— de Franconie.......	485	1,000,000	
——— de Bavière.........	1200	2,000,000	
——— de Souabe.........	730	1,900,000	
——— de Westphalie......	1250	2,300,000	
——— de Haute-Saxe.....	2000	4,000,000	Les pays non-compris dans les cercles, sont la Bohême, la Moravie, la Lusace et la Silésie, etc.
——— de Basse-Saxe......	1280	2,200,000	
TOTAUX....	10,940	22,600,000	*Nota.* Le mille d'Allemagne est de 15 au degré.

ÉLECTORATS DE L'EMPIRE D'ALLEMAGNE.

Électorat de Mayence.	L'Empire fut toujours électif; mais ses électeurs ne furent d'abord déterminés, ni pour le nombre, ni pour le rang, ni pour les personnes.
——— de Trèves.	
——— de Cologne.	
——— de Bohême.	Par la mort de l'électeur de Bavière, en 1777, cet électorat a été réuni à celui du Palatin.
——— de Bavière.	
——— de Saxe.	
——— de Brandenbourg.	Par les derniers changemens les électorats ecclésiastiques de Trèves et de Cologne ont été supprimés, et le siége de Mayence transféré à Ratisbonne.
——— de Palatin.	
——— de Brunswick-Lunebourg-Hanovre.	

ÉLECTEURS DE NOUVELLE CRÉATION.

L'archiduc grand-duc.	Par le *Conclusum* de la diète de l'Empire, du 23 novembre 1802 (an XI) et la note supplémentaire, la dignité électorale a été accordée à ces princes.
Le landgrave de Hesse-Cassel.	
Le duc de Wurtenberg-Teck.	
Le margrave de Baaden.	

TABLEAU GÉNÉRAL

Des Principautés ecclésiastiques, Abbayes et Prévôtés sécularisées, qui avaient voix et séance à la diète de l'Empire.

ARCHEVÊQUES ET ÉVÊQUES.	ABBÉS.	ABBESSES.
L'archevêque de Salzbourg.	L'abbé et prince de Kempten.	Les abbesses et princess. d'Essen.
- - - - - de Besançon.*	Les prév. et princes d'Elwangen.	- - - - de Buchau.
Il n'avait plus que le titre de prince d'Empire.	- - - - - de Berchtolsgaden.	- - - - de Quedlinbourg.
Le grand-maître de l'ordre teutonique.	- - - - de Wissenbourg.*	- - - - de Herford.
Les évêques de Bamberg.	Le grand-maître de l'ordre de S. Jean.	- - - - de Gernrode.
- - - - - Wurtzbourg.	Les abbés et princes de Pruym.*	- - - - de Nieder-Munster.
- - - - - Worms.*	- - - - - de Stavelot.*	- - - - de Ratisbonne.
- - - - - Eichstedt.	- - - - - de Corvey.	- - - - de Burscheyd.
- - - - - Spire.*	Les abbés de Salmansweiler.	- - - - de Gandersheim.
- - - - - Strasbourg.*	- - - - - Weingarten.	- - - - de Thorn.*
- - - - - Constance.	- - - - - Ochsenhausen.	- - - - d'Hegenbach.
- - - - - Augsbourg.	- - - - - Elchingen.	- - - - de Guttenzell.
- - - - - Hildesheim.	- - - - - Yrsée.	- - - - de Rothmunster.
- - - - - Paderborn.	- - - - - Ursberg.	- - - - de Baindt.
- - - - - Freysing.	- - - - - Roggenbourg.	- - - - de Neresheim.
- - - - - Ratisbonne.	- - - - - Kaysersheim.	
- - - - - Passau.	- - - - - Roth.	
- - - - - Trente.	- - - - - Weissenau.	
- - - - - Brixen.	- - - - - Schussenried.	
- - - - - Bâle.*	- - - - - Marchthal.	
- - - - - Munster.	- - - - - Petershausen.	
- - - - - Osnabruck.	- - - - - Zwiefalten.	
- - - - - Liége.*	- - - - - Gegenbach.	
- - - - - Coire.	Le prévôt de Wettenhausen.	
- - - - - Fulde.	Le commandeur de l'ordre teutonique de Coblence.*	
	Le prévôt d'Odenheim.	
	Les abbés de Werden.	
	- - - - - S. Ulric et Afra à Augsbourg.	
	- - - - - S. George d'Isny.	
	- - - - - St.-Cornelius-Munster.*	
	- - - - - St.-Emeran de Ratisbonne.	

*Les principautés, abbayes, etc., qui sont réunies en entier ou en partie au territoire français, sont marquées d'une *.*

Les états de l'Empire formaient trois colléges : deux supérieurs ; ce sont ceux des princes ecclésiastiques et séculiers, qui à la diète ont le *votum* viril.

Le troisième collége est formé par les villes impériales.

Nota. Les votes des principautés sécularisées sont passées aux princes qui ont obtenu ces pays pour indemnité, et les droits de chacune sont maintenus comme ci-devant.

TABLEAU

Des Villes libres impériales qui avaient voix et séance à la diète de l'Empire suivant leur banc.

BANC DU RHIN.	BANC DE SOUABE.	
Cologne.*	Ratisbonne.	Kempten.
Aix-la-Chapelle.*	Augsbourg.**	Windsheim.
Lubeck.**	Nuremberg.**	Kaufbeüren.
Worms.*	Ulm.	Weil.
Spire.*	Eslingen.	Wangen.
Francfort-sur-Mein.**	Reutlingen.	Isny.
Goslar.	Nordlingen.	Pfüllendorf.
Brémen.**	Rothenbourg.	Offenbourg.
Hambourg.**	Hall.	Leutkirchen.
Mülhausen.	Rothweil.	Wimpfen.
Nordhausen.	Ueberlingen.	Weissenbourg.
Dortmund.	Heilbronn.	Giengen.
Friedberg.	Gemünd.	Gegenbach.
Wetzlar.	Memmingen.	Zell.
Essen.	Lindau.	Buchorn.
Gelnhausen.	Dünkelspühl.	Aalen.
	Biberach.	Buchau.
	Ravensbourg.	Bopfingen.
	Schweinfurth.	

Les villes libres impériales se gouvernaient par leurs propres lois ; elles relevaient immédiatement de l'Empire.

Les villes réunies au territoire français sont marquées d'une * ; celles conservées sont marquées de deux **.

Par les derniers changemens, le collége des villes impériales demeure composé des villes libres et immédiates d'Augsbourg, Lubeck, Nuremberg, Francfort, Brémen et Hambourg ; et jouissent dans toute l'étendue de leurs territoires respectifs de la pleine supériorité et de toute juridiction quelconque, etc.

Les villes de Ratisbonne et de Wetzlar jouiront à l'avenir d'une neutralité absolue.

RÉPUBLIQUE BATAVE.

ANCIENNE DIVISION.		NOUVELLE DIVISION.	
PROVINCES.	CAPITALES.	DÉPARTEMENS.	CHEFS-LIEUX.
Frise.	Leeuwarden.	Amstel.	Amsterdam.
Groningue.	Groningue.	Delft.	Delft.
Gueldre.	Nimègue.	Dommel.	Bois-le-Duc.
Hollande.	Amsterdam.	Ems.	Leeuwarden.
Over-Yssel.	Deventer.	Escaut et Meuse.	Middelbourg.
Utrecht.	Utrecht.	Rhin.	Arnheim.
Zélande.	Middelbourg.	Texel.	Alckmar.
PAYS DE LA GÉNÉRALITÉ.		Vieux-Yssel.	Zwol.
Brabant.	Bois-le-Duc.		
Flandre.	Hulst.		
Fauquemont.	Fauquemont.		
Daelhem.	Daelhem.	POPULATION...	1,872,279.

Les Provinces-Unies ont pris, en 1795 (an III), le nom de république batave. Elle fut d'abord divisée en quinze départemens et réduite ensuite à huit, qui prennent leurs noms des principaux fleuves, etc.

La Flandre en a été détachée et réunie au territoire français.

Le Fauquemont, Daelhem, Maestricht, Venlo et leurs dépendances, font partie du territoire de la république française.

La république batave a réuni à son territoire les enclaves de Sevenaer, Huissen et Malbourg, qui appartenaient à la Prusse.

RÉPUBLIQUE HELVÉTIQUE.

ANCIENNE DIVISION.		NOUVELLE DIVISION.	
CANTONS.	CAPITALES.	CANTONS.	CHEFS-LIEUX.
Appenzell.	Appenzell.	Appenzell.	Appenzell.
Bâle.	Bâle.	Argovie.	Arau.
Berne.	Berne.	Bâle.	Bâle.
Fribourg.	Fribourg.	Berne.	Berne.
Glaris.	Glaris.	Fribourg.	Fribonrg.
Lucerne.	Lucerne.	Glaris.	Glaris.
Schaffouse.	Schaffouse.	Grisons.	Coire.
Schwitz.	Schwitz.	Lucerne.	Lucerne.
Soleure.	Soleure.	St.-Gall.	St.-Gall.
Underwald.	Stantz.	Schaffouse.	Schaffouse.
Uri.	Altorf.	Schwitz.	Schwitz.
Zug.	Zug.	Soleure.	Soleure.
Zurich.	Zurich.	Tessin.	Bellinzone.
SUJETS DES SUISSES.		Thurgovie.	Frauenfeld.
Baden.	Baden.	Underwald.	Stantz.
Bellinzone.	Bellinzone.	Uri.	Altorf.
Locarno.	Locarno.	Vaud.	Lausanne.
Lugano.	Lugano.	Zug.	Zug.
Val-Maggia.	Maggia.	Zurich.	Zurich.
Mendrisio.	Mendrisio.		
Bailliages-libres.	Bremgarten.	POPULATION	1,606,900.
Rheinthal.	Reineck.		
Thurgovie.	Frauenfeld.		
Sargans.	Sargans.		

ALLIÉS DES SUISSES.

Genève.	Genève.	
Mülhausen.	Mülhausen.	
Neufchâtel.	Neufchâtel.	
Valais.	Sion.	
Grisons.	Coire.	
Valteline.	Sondrio.	
Toggenbourg.	Liechtensteig.	
St.-Gall.	St.-Gall.	
Evêché de Bâle.	Porentrui.	

En janvier 1798 (an VI), les Treize-Cantons Suisses prirent le nom de république helvétique, qui fut d'abord divisée en dix-huit départemens ou cantons. Par l'acte de médiation du premier Consul de France, cette république a été divisée en dix-neuf cantons.

Avant la dernière guerre, l'évêché de Bâle et la république de Genève étaient au nombre des alliés de la Suisse; ces pays sont aujourd'hui réunis à la France, ainsi que la ville de Bienne.

Les sujets et alliés des Suisses leur sont maintenant réunis et forment avec eux une seule république.

La Valteline, les comtés de Bormio et de Chiavena, réunis à la république italienne, étaient sujets des Grisons.

La France a cédé à la république helvétique, le Frickthal, qu'elle avait acquis sur l'Autriche par le traité de Lunéville.

La seigneurie de Traps, qui appartenait au prince de Dietrihestein, est réunie aux Grisons.

La Suisse a perdu depuis 1798 (an VI) une étendue de pays de 180 lieues carrées et 250,000 habitans; elle a gagné par contre cinq lieues carrées et 9900 habitans.

RÉPUBLIQUE ITALIENNE.

DÉPARTEMENS.	CHEFS-LIEUX.	POPULATION.
Agogna	Novare.	346,213
Bas-Pô.	Ferrare	227,500
Crostolo	Reggio	179,795
Haut-Pô	Cremone	361,079
Lario	Como	371,894
Mella	Brescia	333,625
Mincio	Mantoue	290,329
Olona	Milan	526,234
Panaro.	Modène	200,170
Reno	Bologne	421,841
Rubicon	Césène.	304,846
Serio	Bergame	294,142
	TOTAL	3,857,668

Cette république a été créée au traité de Campo-Formio en 1797 (an VI), sous le nom de république cisalpine, et divisée en vingt départemens ; elle prit ensuite le nom de république italienne et fut divisée en douze départemens, qui prennent leurs noms des principaux fleuves, etc.

Cette république est formée du Milanez et du Mantouan, ci-devant à la maison d'Autriche ; du Modénais, ci-devant à un prince de la maison d'Est ; du Bergamasque, du Cremasque, du Bressan, du Veronèse occidental et de la Polésine méridionale, ci-devant à la république de Venise ; du Ferrarais, du Bolonais et de la Romagne, ci-devant au pape ; de la principauté de Massa-Carrara, ci-devant à un prince de Cibo ; d'une partie du Milanez-Savoyard, ci-devant au roi de Sardaigne ; de la Valteline ; des comtés de Bormio et de Chiavena, ci-devant sujets des Grisons.

L'ITALIE

SUIVANT L'ANCIENNE ET NOUVELLE DIVISION.

ANCIENNE DIVISION.			NOUVELLE DIVISION.	
PAYS.	CAPITALES.	SOUVERAINS.	PAYS.	SOUVERAINS.
Savoie	Chambery.		*Départemens.* Mont Blanc.	
Piémont	Turin.		Léman.	
*Montferrat	Casal.		Doire.	
Milanez (partie).	Tortone.	au roi de Sardaigne.	Sesia.	à la France.
Nice	Nice.		Pô.	
Sardaigne	Cagliari.		Stura.	
			Tanaro.	
Milanez (partie).	Milan.		Marengo.	
Mantouan	Mantoue.	à l'empereur.	Alpes maritimes.	
			Sardaigne.	au roi de Sardaigne.
Toscane	Florence.	au grand-duc.	*Départemens.* Agogna.	
	Parme.	au duc de Parme et	Bas-Pô.	
Parme et Plaisance	Plaisance.	Plaisance.	Crostolo	
			Haut-Pô.	
Modénais	Modène.	au duc de Modène.	Lario.	
Massa di Carrare.	Carrara.		Mella.	à la république italienne
			Mincio.	
Monaco	Monaco.	au prince de ce nom.	Olona.	
			Panaro.	
			Reno.	
Venise	Venise.		Rubicon.	
Gênes.	Gênes.	Républiques.	Serio.	
Lucques	Lucques.		Etrurie.	au roi d'Etrurie,
St.-Marin	St.-Marin.		Parme et Plaisance.	
Etat de l'Eglise.	Rome.	au pape.	Monaco.	à la France.
			Venise.	à l'empereur.
Naples	Naples.		Gênes.	
Sicile	Palerme.	au roi de Naples.	Lucques.	républiques.
Elbe	Pᵒ.-Longone.		St.-Marin.	
Piombino	Piombino.		Etat de l'Eglise.	au pape.
			Naples.	au roi de Naples.
Malthe	La Valette.	aux Chevaliers.	Sicile.	
			Elbe.	à la France.
			Malthe.	
Corse	Bastia.	à la France.	*Dép.* Golo. Liamone.	à la France.

NOUVEAU TERRITOIRE FRANÇAIS.
LA BELGIQUE OU LES NEUF DÉPARTEMENS RÉUNIS.

ANCIENNE DIVISION.		NOUVELLE DIVISION.		Surface en lieues.	Population.
PROVINCES.	CAPITALES.	DÉPARTEMENS.	CHEFS-LIEUX.		
Brabant	Bruxelles.	Dyle	Bruxelles	141	389,789
Anvers	Anvers.	Deux-Nèthes	Anvers	117	253,981
Malines	Malines.	Escaut	Gand	118	578,556
Limbourg	Limbourg.	Lys	Bruges	166	475,118
Luxembourg	Luxembourg.	Jemappes	Mons	159	408,668
Gueldre	Ruremonde.	Sambre-et-Meuse	Namur	188	150,754
Flandre	Gand.	Foréts	Luxembourg	289	194,012
Tournésis	Tournai.	Ourthe	Liége	177	310,444
Hainaut	Mons.	Meuse-Inférieure	Maestricht	150	216,566
Namur	Namur.				
			TOTAUX..	1,505	2,977,881

En 1795 (an IV), les provinces ci-devant autrichiennes, les principautés de Liége et de Stavelot ont été réunies au territoire français et divisées en neuf départemens.

La Flandre hollandaise a été réunie au département de l'Escaut.

Le Fauquemont, Daelhem, Maestricht, Venlo et leurs dépendances, ont été réunis au département de la Meuse-Inférieure.

LES QUATRE DÉPARTEMENS RÉUNIS DE LA RIVE GAUCHE DU RHIN.

				Surface en lieues.	Population.
Duché de Juliers	Juliers.	Roer	Aix-la-Chapelle	221	603,909
Clèves (partie)	Clèves.	Rhin et Moselle	Coblence	247	260,000
Gueldre (partie)	Gueldre.	Sarre	Trèves	204	300,000
Electorat de Cologne (partie)	Cologne.	Mont-Tonnerre	Mayence	217	400,000
Elect. de Mayence	Mayence.		TOTAUX..	889	1,563,909
Idem de Trèves	Trèves.				
Bas-Palatinat (partie)	Manheim.				
Plusieurs seigneuries					

Les provinces de la rive gauche du Rhin ont d'abord été divisées en six départemens, et réduits ensuite à quatre.

PAYS DÉTACHÉS OU INCORPORÉS A DES DÉPARTEMENS.

République de Mulhausen	Mulhausen.	du département du Haut-Rhin.	La république de Mulhausen a été réunie à la France en 1798 (an VI).
Républ. de Genève	Genève.	du Léman.	La républ. de Genève en 1798 (an VI).
Partie de l'évêché de Bâle	Porentrui.	du Haut-Rhin.	L'évêché de Bâle en 1793 (an I).
District de Bienne	Bienne.		Le Comtat-Venaissin en 1791.
Princip. de Montbelliard	Montbelliard.	de la Saône.	La Savoie en 1792 (an I).
Idem de Monaco	Monaco.		Les comtés de Nice, Beuil et Tende en 1793 (an I).
Savoie	Chambery.	Léman et Mt. Blanc.	La princip. de Monaco en 1793 (an I).
Nice	Nice.	Alpes-maritimes.	Le Piémont et le Mont-Ferrat ont d'abord été sous l'administration française et réunis à leur territoire en 1802 (an X).
Les isles d'Elbe — Palmaiola — Monte-Christo	Porto-Longone. Porto-Ferrajo.	Piémont { Doire, Sesia. Pô, Stura. Tanaro, Marengo.	La partie de l'isle d'Elbe et isles voisines ont été divisées en sept municipalités.
Comtat-Venaisin	Carpentras.	du département de Vaucluse.	
Avignon	Avignon.		

AVIS.

M. DE BOUGE espère que l'ouvrage qu'il présente ici au public, sera bien accueilli; il n'a rien négligé pour le rendre utile : il y a ajouté des notes historiques qui le rendront plus intéressant. S'il s'était glissé quelqu'erreur ou omission, il les redressera en donnant à MM. les Souscripteurs, par supplément, une note des changemens qui pourraient encore survenir, soit par des concessions, échanges, etc.

La Carte géographico-diplomatique, qui accompagne cet ouvrage, comprend non-seulement les nouvelles acquisitions des princes d'Empire et d'Italie, mais elle contient aussi la division géographique et politique de chaque état, tant anciennes qu'actuelles. Dans le vuide de la carte, on y a placé le résumé des pays conquis, cédés, échangés ou acquis pour indemnité, distingués par des numéros et lettres capitales qui indiquent ces mêmes pays dans la carte.

Le projet de l'auteur avait été de donner cette carte sur une plus grande échelle et en plusieurs feuilles, pour éviter la complication d'écritures dans les parties de l'Allemagne, où il y a une infinité de petits états rassemblés les uns près des autres, et qu'il importait cependant de placer dans la carte; mais pour lors la carte aurait demandé un plus long travail; elle serait devenue très-chère et n'aurait pu paraître que long-temps après que le plan des indemnités a été rendu public; cela aurait pu mécontenter MM. les Souscripteurs, et l'Auteur perdait par ce retard le fruit de son travail et de ses avances.

Cette carte comprend dans un petit espace tant de pays différens, qu'elle pourra paraître obscure, sur-tout aux personnes habituées à ne lire que dans des cartes d'un petit détail et sur une grande échelle; mais celles qui ont quelques notions du dessin et de la géographie, trouveront que chaque partie y est soignée, et que les villes, les fleuves, les chaînes de montagnes, etc., y sont bien exprimés et distincts, et que chaque état y est distingué par une couleur différente et claire.

M. DE BOUGE s'occupera successivement de la gravure des cartes des pays desquels il pourra se procurer des dessins originaux, et qui n'ont pas encore été publiés : il en a déjà plusieurs sous la main du graveur.

Chaque carte d'un état souverain sera accompagnée d'un précis historique en *in-quarto*, au moyen de quoi les amateurs de la géographie et de l'histoire auront l'avantage de posséder en quelques années et à peu de frais une belle collection de cartes (les feuilles toutes de même format), et l'historique de chaque pays.

Les personnes qui désireraient souscrire pour tous les ouvrages qu'il publiera, payeront 3 francs et 3 décimes par feuille, 20 gros argent de Prusse, ou 1 florin 15 kreutzers de Vienne, et la moitié de cette somme pour le précis historique de chaque pays; on ne paie qu'en recevant l'ouvrage. On peut souscrire chez l'auteur en affranchissant les lettres, et chez les principaux libraires des villes de l'Europe.

Le prix de la carte géographico-diplomatique en deux feuilles, accompagné du plan général des indemnités, des tableaux du nouveau territoire français, des républiques batave, helvétique et italienne, des villes libres impériales supprimées, des principautés ecclésiastiques, abbayes, etc., sécularisées, est fixé à 12 francs. Les amateurs peuvent également avoir cette carte enluminée suivant l'ancienne division, en en prévenant les commissionnaires chargés de la vente des ouvrages.

NOTA. On peut se procurer chez lui la carte de l'Europe en 50 sections, faite pour être réunie en un seul tableau, ainsi que plusieurs autres cartes qu'il a publiées.